백성을 살피는 조선의 비밀 요원

참고문헌

『다산 시선』 정약용 지음, 정재소 옮김, 창비, 2013.

「박문수의 어사 이력과 별견어사 활동」 조한필, 역사문화학회, 2021.11.

『서수일기-126일간의 평안도 암행어사 기록』 박래겸 지음, 조남권 박동욱 옮김, 푸른역사, 2013.

「역사 속의 박문수와 암행어사로의 형상화」 심재우, 역사와실학, 2010.4.

『이선비, 암행어사 되다』 세계로 글, 아이세움, 2015.

『조선시대 암행어사』 김은하, 웅진주니어, 2006.

『조선의 법 이야기』 류승훈, 이담북스, 2010.

『진짜 암행어사-우리가 몰랐던 이야기』 권기환, 보고사, 2021.

『해서암행일기: 암행어사 황해도에 출두하다』 박만정 지음, 윤세순 옮김, 서해문집, 2015.

처음부터 제대로 배우는 한국사 그림책 25

백성을 살피는 조선의 비밀 요원 _마패가 들려주는 암행어사 이야기

초판 1쇄 인쇄 2024년 11월 8일
초판 1쇄 발행 2024년 11월 22일

글 안미란
그림 심수근

펴낸곳 도서출판 개암나무(주)
펴낸이 김보경
경영관리 총괄 김수현　**경영관리** 배정은 조영재
편집 조원선 김소희 오은정 이혜인　**디자인** 이은주　**마케팅** 이기성
출판등록 2006년 6월 16일　제22-2944호

주소 서울특별시 용산구 한남대로40길 19, 4층(한남동, JD빌딩) (우)04417
전화 (02)6254-0601, 6207-0603　**팩스** (02)6254-0602　**E-mail** gaeam@gaeamnamu.co.kr
개암나무 블로그 http://blog.naver.com/gaeamnamu　**개암나무 카페** http://cafe.naver.com/gaeam

© 안미란, 심수근, 2024
이 책의 저작권은 저자에게 있습니다. 저자와 출판사의 허락 없이 내용의 일부를 인용하거나 발췌하는 것을 금합니다.

ISBN 978-89-6830-628-0　74900
ISBN 978-89-6830-122-3 (세트)

품명 아동 도서 ｜ **제조년월** 2024년 11월 22일 ｜ **사용연령** 10세 이상
제조자명 개암나무(주) ｜ **제조국명** 대한민국 ｜ **전화번호** 02-6254-0601
주소 서울특별시 용산구 한남대로40길 19, 4층(한남동, JD빌딩)

마패가 들려주는 암행어사 이야기

백성을 살피는 조선의 비밀 요원

안미란 글 심수근 그림

개암나무

오후에 일제히 길을 떠나 그대로 황혼에 순안현 관아 문 앞에 도달했다. 본관 수령 이문용은 마침 산사로 놀러 나갔다가 아직 돌아오지 않았고, 관속들은 그를 마중하려고 모두 관문 밖에 모여 있었다. 역졸들이 빠른 소리로 암행어사 출두를 한 번 외치니 사람들이 무리 지어 놀라 피하는 것이 마치 바람에 날려 우박이 흩어지는 듯했다. (중략) 암행어사의 위엄과 서슬은 과연 이와 같은 것이었다. 한참 있자 차차 모여들더니 병풍을 두르고 자리를 펴며 책상에 촛불을 밝혀 점차 위엄과 의식을 갖추게 되었다.

_박래겸, 『서수일기』 중에서

손에 들고 있는 게 뭐니?

나를 만나러 박물관에 올 때 필요했다고?

아하, 어린이용 교통 카드!

나도 그거랑 조금 비슷해.

조선 시대에는 먼 지방으로 갈 때 말을 탔어.

가다가 말이 지치면 역에 들러서 새로운 말로 갈아탔지.

내 몸에 새겨진 수만큼 말을 빌릴 수 있었어.

신분도 증명하고 말을 내어 주는 증표였던 나,

내 이름은 마패야.

앞면에는 언제 어디서 만들었는지 적혀 있고

뒷면에는 한 마리에서 최대 열 마리까지, 말이 그려져 있어.

아무나 나를 가질 수 있었던 건 아니야.
암행어사를 비롯하여 나랏일을 하는
높은 관리만 쓸 수 있었어.
암행어사는 남의 눈을 피해 몰래 다니는 왕의 신하야.
보통 말 두 마리가 그려진 마패를 들고 다녔지.
말이 많다고 다 좋은 게 아니야.
남의 눈에 안 띄려면 짐 실을 말과 암행어사가 탈 말,
두 필이면 충분해.
암행어사 제도는 조선에만 있었어.
조선 초기 태조 때부터 고종 때까지 이어졌으니
꽤 오랫동안 시행된 제도였어.

조선 시대는 절대 권력을 가진 왕이 다스리는 사회였어.
왕은 한양에 살아.
백성이 잘살고 못살고는
백성 바로 곁에 사는 각 고을의 사또한테 달려 있었지.
사또는 원님, 혹은 수령이라고도 하는데
백성에게 세금을 걷고,
여러 사건을 해결하는 재판을 했어.
백성을 벌주고 감옥에 가둘 수도 있었지.

왕은 사또를 지휘하고 감독할 관리를 뽑아서 보냈어.

그게 바로 관찰사야.

전국을 여덟 개의 도로 나누고

한양에서 멀리 떨어진 각 지방으로 관찰사를 보냈지만,

궁궐 안에 있는 왕은 걱정되었어.

사또가 관찰사를 조사하러 갈 때만 백성에게 잘하는 척한다면?

관찰사랑 사또가 친해져서 잘못을 보고도 모르는 척한다면?

조선 시대에는 교통과 통신이 발달하지 않아서
왕이 지방의 사정을 자세히 알 수 없었어.
정말로 관리들이 잘하는지 그렇지 않은지 말이야.
그래서 욕심 많고 죄 많은 관리의 잘못을 밝혀내고
백성의 생활을 자세히 살펴서
아무도 모르게 왕에게 보고해 줄 사람이 필요했던 거야.

이런 제도를 반대하는 신하도 있었어.
믿고 맡겨야지 몰래 감시하는 게 좋은 건 아니잖아?
왕도 그게 마음에 걸렸지만 이렇게 말했지.
"감시하는 게 아름다운 일은 아니다. 그러나 백성의 기쁨과 슬픔이
사또에게 달려 있는데 내가 무슨 수로 알 수 있겠느냐?
암행어사는 나의 눈과 귀가 되어 줄 테다."
백성의 삶을 직접 살피고 그들의 목소리를 대신 들려줄
사람이 필요하다는 거였지.

왕은 암행어사를 뽑아서 먼 곳까지 보냈어.
신하들도 모르게 말이야.
특수한 비밀 임무를 띤 암행어사를
남들이 어떻게 알아보냐고?
바로 나, 마패였어.
나는 암행어사의 품 안에 쏙, 숨어 있어.
꼭 필요할 때만 빼고 말이야.
암행어사는 잘못을 저지른 사또를 발견하면
역졸들을 모아 관아로 들이닥치지.
그때 나를 높이 들고 온 세상이 들으라고 외쳐.

"암행어사 출두요!"

암행어사가 되는 건 자랑스러운 일이야.
어느 날 갑자기 왕이 몰래 불러서
'봉서'라는 비밀 편지를 주지.
겉면에 이렇게 쓰여 있어.

성문 밖에서 읽어라.

바로 뜯어 보지 말고 한양 바깥, 먼 곳까지 가서 읽으라고?
누가 암행어사가 되었는지 비밀이 샐까 봐 그런 거야.

가족에게 알리거나 며칠 뒤에 출발해도 안 되었어.

임명되면 즉시 정해진 지역으로 떠나야 했지.

아무에게도 말하지 말고!

참, 하인은 데리고 갈 수 있었어.

양반이 종을 거느리지 않고 혼자 다니면 오히려 의심스럽겠지?

물론, 하인은 주인이 암행어사라는 사실을 알고 있었어.

말고삐도 잡고, 짐보따리도 들고, 심부름도 해야 하니까.

어느 곳으로, 누가 갈지는 왕이 제비뽑기로 정했어.
왜 하필 운에 맡기는 제비뽑기였냐고?
아는 사람이 하나도 없는 곳으로 보내려는 거야.
영의정, 좌의정, 우의정 같은 높은 신하들이
미리 암행어사 후보를 추천해.
결과가 어떨지는 아무도 모르지.

일단 암행어사 후보가 되면
미리 친척이나 친구가 살거나 관리로 있는 곳을 모조리 적어 내.
그래야 일을 깨끗하고 정의롭게 처리할 수 있을 테니까.
큰 잘못을 저지른 사또가 자기 친척이라면?
마음이 약해질지 몰라.
일하다 배가 고파져 친구한테 돈이나 쌀을 얻으면?
암행어사라는 걸 들킬 수도 있어.
제비뽑기 통에 들어 있는 대나무 조각에는
암행어사와 전혀 관계없는 곳만 적혀 있었어.
누가 어떤 지역으로 뽑혀 갈지 아무도 미리 알 수 없었지.

조선 시대에는 다른 지역으로 가는데
때로는 몇 달이 걸리기도 했어.
교통수단은 걷거나 뛰거나 말을 타는 게 다였어.
가끔 나룻배를 탈 수도 있었지.
그래서 왕은 젊은 선비 중에서 암행어사를 뽑았어.
길에서 자거나 며칠 굶을 수도 있으니까 말이야.
젊은 선비라면 아직 관찰사나 사또와 친분도 없을 거야.
만약 벼슬했던 경험이 많고 아는 관리가 많다면
왕에게 제대로 보고하지 않을지도 몰라.

드디어 내가 갈 지역이 정해졌어.
함께 갈 하인은 아직 어린 소년이야.
먼 곳으로 길을 떠나는 게 마냥 신났지.
"나리, 거기가 바다라는 곳이랑 가깝답니까? 어떤 산골짜기에는
듣도 보도 못한 짐승이 산다던데, 정말일까요?"
암행어사는 점잖게 말했어.
"어허, 우린 놀러 가는 게 아니다. 혹시 누가 묻거든
멀리 계신 친척 집에 간다고 둘러대거라."
암행어사 품에 있던 나는 그의 떨림을 느낄 수 있었어.
한 번도 가 보지 않은 낯선 지역을,
아는 사람 하나 없이, 거지꼴로 변장한 채 가다니.
그것도 과거에 급제한 지 얼마 안 된 초보인데,
임무를 무사히 완수해야 한다는 부담이 얼마나 컸을까.

나는 속삭였어.
'괜찮아요, 암행어사님.
해야 할 일이 꼼꼼히 적힌 사목도 있고
길이를 정확하게 잴 수 있는 유척도 있잖아요.
무엇보다 내가 있잖아요.
왕의 심부름꾼이라는 걸 증명해 주는 마패요.'

암행어사는 사목을 펼쳐 읽었어.

사목은 암행어사가 할 일이 차례차례 적힌 문서야.

암행어사는 사목에 적힌 대로

세금을 제대로 걷는지 알아보려고 길을 떠났어.

봄에 굶주린 백성에게 쌀을 빌려주고 가을에 받는데,

그 일이 제대로 잘 굴러가는지도 살펴봐야 해.

암행어사의 봇짐 속에는 유척 두 개도 들어 있어.

유척은 놋쇠로 만든 자야. 기준에 맞는 되˙로 곡식의 양을 재는지,

혹시 일부러 크거나 작게 만들어 눈속임하는지 알아낼 때

바로 이 유척을 써.

또 죄지은 사람을 벌줄 때 쓰는 곤장의 길이도 재 볼 거야.

법으로 정한 것보다 커서 죄인의 목숨이 위험해지면 안 되거든.

되 곡식, 가루, 액체 따위를 담아 양을 헤아리는 데 쓰는 그릇.

암행어사는 다 찌그러진 갓을 썼어.
옷도 군데군데 기워서 볼품없었지.
되도록 마패로 말을 빌려 타지도 않았어.
그랬다가는 "곧 암행어사가 나타날 거요. 사또는 조심하시오" 하고
도착하기도 전에 동네방네 소문이 날 테니까.
왕에게 부름을 받은 건 자랑스럽지만
암행어사 일은 매우 힘들었어.
오죽하면 '어사 길은 고생길'이라는 말이 있었을까.

암행어사는 몇 날 며칠을 간 끝에 겨우 담당 구역에 도착했어.

암행어사는 어느 허름한 오두막집 앞에서 외쳤어.

"지나가던 나그네인데 하룻밤만 신세 질 수 없겠소?"

날은 저물지, 배는 고프지, 바람은 차갑지.

몸이 와들와들 떨릴 지경이었어.

삐쩍 마르고 얼굴이 누렇게 뜬 아주머니가 나왔어.

"안 됩니다. 이 집에는 연로하신 아버님과 어린아이 셋뿐이오."

남편이 없으니 낯선 사람을 재우기 어렵다는 뜻이었어.

그래도 암행어사는 사정했지.

"근처에 주막도 없고……. 이대로 산을 넘다가는 호랑이한테 물릴지도 모릅니다. 헛간이라도 괜찮으니 밤이슬만 피하게 해 주십시오."

아주머니는 마지못해 허락했어.

아주머니가 저녁상을 내왔어.
귀퉁이가 떨어진 나무 밥상에 멀건 나물죽이 전부야.
숟가락도 나무를 대강 깎아 만들어
죽을 떠먹기 힘들 정도로 영 시원찮았어.
영감이 말했어.
"놋수저를 관아에서 다 가져가 버려서……."
"아니, 관리가 백성의 숟가락과 젓가락을 왜 가져간 거요?"
암행어사가 물었지.

"돈이 없어 세금을 못 내니 대신 놋수저를 가져갔지요."
암행어사는 말문이 막혔어.
영감은 기침을 하더니, 겨우 말을 이었어.
"그나마 솥단지가 하나라도 남아서 다행이오.
큰 솥단지가 하나 더 있었는데, 작년 봄에 빌린 곡식의 이자를
못 갚았다고 이 마을 부자 양반이 뜯어 갔지요."

그런데 듣고 보니 이자가 터무니없이 많은 거야.
"사또한테 고발하지 그랬소? 이자를 엉터리로 올려 받는다고."
암행어사의 말에 영감이 헛웃음을 지었어.
"양반을 고발하라고요? 그랬다가 어떤 꼴을 당하는지
몰라서 묻는 거요?"
알고 보니 부자는 사또에게 미리 금덩어리를 갖다 바쳤대.
암행어사는 속으로 생각했어.
'뇌물을 받아먹는 사또라니! 증거를 더 모아서 반드시 벌을 주리라.'

한참 이야기를 나누는데

바깥에서 아이들이 칭얼대는 소리가 들렸어.

"엄마, 배고파."

"저 손님이 조금 남겨 줄까?"

아주머니는 아이들을 달래느라 쩔쩔맸지.

"쉿, 조용히 하렴."

암행어사는 더 이상 죽을 먹을 수 없어 거짓말을 했지.

"오던 길에 장터에서 떡을 먹었더니, 영 입맛이 없구려."

암행어사가 숟가락을 놓으며 하인을 보고 말해.

"너도 그렇지 않으냐?"

하인은 허겁지겁 죽을 떠먹다 말고 애써 맞장구를 쳤어.

"그, 그러게요. 떡을 너무 많이 먹었나 봐요."

하인은 눈물이 쏙 나오려는 걸 참았어.

암행어사의 착한 마음씨 때문인 걸 어쩌겠어.

암행어사는 막내가 몇 살이냐고 물었어.
영감은 기침을 심하게 하며 말했어.
"이제 겨우 다섯 살이오. 그런데 저 애도 남자라고
군포를 내라고 합니다. 내지 못하면……."
조선 시대 때는 16세에서 60세의 남자라면
나라를 지키기 위해 군사가 되거나,
성을 쌓거나 무기 나르는 일 같은 걸 해야 해.

아니면 돈이나 마찬가지인 옷감을 내야 했기 때문에
이러한 제도를 '군포(軍布)'라고 했어.
그런데 나쁜 관리들은 죽은 사람이나 어린아이 이름까지
서류에 적어 넣고는 군포를 받아 갔지.
그날 밤, 헛간의 짚 더미에 누운 암행어사는
도무지 잠이 오지 않았어.
배고프다고 보채는 아이들이 지쳐서 잠들 때까지 말이야.

다음 날, 암행어사는 구휼미를 나눠 주는 곳으로 갔어.
구휼미는 흉년이 들어 굶주린 백성을 위해
나라에서 나눠 주는 쌀이야.
사람들이 관아에 길게 줄지어 있었어.
암행어사도 백성들 틈에 줄을 섰지.
"똑바로 서렷다!"
이방이 소리쳤어.
호방은 눈을 부릅뜨고 사람들을 노려봤어.
사람들이 잔뜩 겁을 먹도록 말이야.
이방과 호방 같은 사람을 '아전'이라고 해.
아전은 우리 동네 공무원처럼 사또를 도와 고을 살림을 꾸려.
암행어사는 낮게 중얼거렸어.
"나라에서 내리는 쌀이거늘,
마치 자기 주머니에서 내주듯 큰소리를 치는구나."
사람들은 굽실거리며 나눠 주는 쌀을 받았어.

그런데 사람들이 웅성대기 시작했어.

"아니, 이게 쌀이야, 모래야? 이런 걸 곡식이라고 나눠 주다니요!"

한 농부가 자기 자루를 땅에 쏟아부었어.

암행어사는 얼른 다가가 보았지.

뽀얗기는커녕 거무튀튀한 쌀알에 모래며 겨가 섞여 있어.

밥을 지어 먹으려면 반은 버려야 할 지경이었지.

아전이 비아냥댔어.

"맘에 안 들면 놓고 가면 그만인 것을."

"우리더러 굶어 죽으란 소리요?"

아전은 포졸에게 명령했어.

"뭣들 하는 게냐. 이놈을 끌고 가거라.

사또께서 소란 피우는 놈에게는 엄한 벌을 내린다고 하셨다."

암행어사가 앞으로 나섰지.

"이보시오, 이 농사꾼의 말이 맞지 않습니까?"

아전이 소리쳤어.

"네 놈은 또 뭐냐? 여기 이놈도 끌어내라."

암행어사는 창을 든 포졸에게 끌려가며 고래고래 소리치고 발버둥 쳤어.

"놔라! 당장 놔라!"

사실 암행어사는 품속에 숨겨 둔 마패를 들킬까 봐

일부러 더 크게 소리친 거야.

사또는 마루 위에 앉아 거들먹거리고 있었어.
농부는 끌려오는 동안 이리 차이고 저리 밟혀서
꼴이 엉망이야. 입술이 터져 피가 나오는데도 말했지.
"사또 나리, 제발 직접 살펴보십시오. 쌀인지 모래인지."
"감히 네가 나를 가르치는 게냐? 나랏일을 방해하는 자는
매로 다스려야 한다."
암행어사도 무릎이 꿇린 채 앉아 있었지.
사또는 너그러운 척 말했어.
"글깨나 읽은 양반인가 본데, 내가 특별히 봐주마."
사또는 양반 체면을 생각해서 암행어사를 벌주지 않겠다는 거야.
"고맙습니다, 사또 어른. 고맙습니다."
암행어사는 비굴하게 고개를 숙였어.
신분이 들통나면 안 되니까.

사또는 농부에게 암행어사의 몫까지 대신 맞으라고 했어.
"저놈에게 곤장 30대를 내리거라!"
암행어사는 숨이 턱 막혔어. 곤장이라니 말도 안 돼.
곤장은 군대와 관련된 죄를 지었거나
엄청난 잘못을 저질렀을 때만 내리는 벌이거든.
게다가 포졸이 들고 오는 곤장을 보니 더 기가 막혔지.
'법으로 정한 곤장보다 터무니없이 커. 나무 종류도 다르고.
매를 맞다가 자칫 목숨을 잃을 수도 있겠어.'
매질이 시작되자 암행어사는 눈을 감고 고개를 돌렸어.
농부의 비명이 들렸지.
'내 반드시 증거를 찾아 사또와 아전들의 잘못을 밝혀내리라.'
암행어사는 이를 꽉 깨물었어.

다음 날, 암행어사는 사람이 많이 모이는 주막으로 갔어.

다른 사람들처럼 국밥 한 그릇을 시키고는 귀를 쫑긋 세웠지.

주막은 이런저런 이야기를 주워듣기 좋은 곳이야.

마침 옆자리에 남자 둘이 앉아 있었어. 패랭이를 쓴 남자가 말했어.

"여보게, 그 얘기 들었나? 산 너머 고을에서 가짜 암행어사가 붙잡혔다는군."

가짜로 암행어사 행세를 하는 건 엄청난 죄야.

감히 왕의 신하라고 속이는 거니까 목숨을 잃을 만큼 큰 벌을 받을 수도 있어.

턱수염이 긴 남자가 거들었어.

"소문이 파다하더군. 붙잡힌 가짜 암행어사가 여기저기 돌아다니며 캐묻는 척했다며? 사람들은 지레 암행어사라고 생각해 버렸고."

암행어사는 슬쩍 이야기에 끼어들었어.
"그자가 설마 가짜 마패까지 만든 거요?
그건 죄가 너무 크잖소."
"마패가 있는 척, 허리춤에 손만 대도
벼슬아치들이 굽실거렸다지 뭐요. 떳떳하지 못한 관리들이
죄다 걸려든 거지요."
턱수염 난 남자는 한숨을 쉬었어.
"우리 고을에는 대체 언제 암행어사가 오시려나……."
"쉿, 그런 소리 말게. 괜히 사또 귀에 들어가는 날에는
자네도 끌려가고 말아."
사람들은 잔뜩 겁먹은 눈치였어.
나는 옷깃 밖으로 고개를 내밀고 싶었어.
'나예요, 마패! 저 여기 있어요.' 하고 외치고 싶었지.
진짜 암행어사를 앞에 두고 암행어사를 기다리다니.
안타까웠지만 참았어.
백성들의 간절한 마음은 알겠지만,
지금은 나설 때가 아니었거든.

암행어사는 하인에게 편지 한 장을 들려 줬어.

"출두 준비를 서둘러야겠다. 역졸들이 모일 수 있도록 알리거라."

하인은 쏜살같이 달렸어.

비밀리에 가까운 역에 소식이 전해졌어.

다음 날 아침, 암행어사와 역졸들이 관아로 달려갔어.

암행어사가 나를 높이 들고 외쳤어.

"암행어사 출두요!"

방망이를 쥐고 뒤따르던 역졸들이 다 같이 따라 외쳤어.

마치 천둥소리 같았지.

보이니? 밝은 햇빛 아래 눈부시게 번쩍이는 나!

왕 대신 백성을 살피는 눈처럼 보이지?

관아를 지키던 포졸들은 걸음아 날 살려라 하고 도망치기 바빴어.
사또는 그때까지 드르렁드르렁 자고 있었지.
전날 밤늦게까지 술을 마시며 논 탓이었지.
이방을 비롯한 아전들은 어찌할 바를 몰라
마루 밑에 숨고, 엎드리고, 이리 뛰고 저리 뛰고 했지.

암행어사가 동헌에 자리를 잡고 앉았어.
평소라면 사또가 앉아서 명령을 내리는 곳이야.
사또는 허둥지둥 전립을 쓰고 머리를 조아렸어.
암행어사는 즉시 고을 살림을 기록한 장부를 가져오라고 했어.
장부를 자세히 살펴본 암행어사가 말했지.
"여기에 글자를 고쳐 쓴 흔적이 있구나.
백성에게 곡식을 빌려주고 되돌려받은 기록이
두 번이나 겹쳐 있기도 하다.
이 문서와 창고에 있는 곡식을 비교해서
어느 것이 맞는지 봐야겠다."

그런데 창고를 보니 여기도 엉망이야.

도자기며 비단이 장부에 적힌 것보다 훨씬 많았어.

'설마 나라에 바칠 물건을 사또가 빼돌리려던 것인가?'

유척으로 되의 크기를 재 보니 이것도 이상해.

한 되짜리 됫박 두 개의 크기가 다른 거야.

"이런 고약한 녀석들, 백성들에게 쌀을 빌려줄 때는

작은 됫박을 쓰고 이자를 쳐서 돌려받을 때는

큰 됫박을 썼구나."

암행어사는 종이를 펼쳐 '봉고(封庫)'라고 적었어.

창고 문을 닫아건다는 뜻이야.

그러고는 나를 꺼내 붉은 물감을 묻히고는

종이 위에 쾅, 도장처럼 찍었지.

마패 도장은 암행어사의 명이라는 뜻이야.
이제 암행어사의 명령이 있기 전까지는
아무도 문을 마음대로 열면 안 돼.

누군가가 문을 건드리면 마패 무늬가 찢어져서
단박에 표시가 날 거야.
그러니 장부를 숨기거나 물건을 다른 곳으로 옮길 수도 없어.
말을 빌리는 증표에서 암행어사의 신분증,
도장 역할까지 한 나는 어깨가 으쓱했어.

밤이 깊었어.

암행어사는 며칠에 걸쳐 조사를 마쳤어.

몹시 지치고 피곤했지만, 아직도 할 일이 남았어.

왕에게 올릴 보고서를 써야 했지.

그동안 찾아낸 관리들의 잘못을 하나하나 적었어.

무조건 길게 쓴다고 좋은 게 아니야.

백성들의 어려운 점을 어떻게 고치면 좋을지를

알아보기 쉽게 잘 정리해서 적어야 했어.

암행어사가 보고서 외에 적어 올리는 게 또 있었어.

**달랫골 김개동의 아내는 매우 효성스러운 며느리입니다.
시어머니가 허리를 다쳐……**.

효자나 어진 아내 등 칭찬받을 사람을 왕에게 추천하는 거야.
사목, 기억나지?
암행어사가 할 일을 적은 업무 목록 말이야.
거기에는 옳지 못한 관리를 찾으라고만 적혀 있지 않았어.
좋은 일, 칭찬할 일도 적극적으로 알아보라고 써 있지.
암행어사는 이대로 밤을 꼴딱 새울 셈인가 봐.
아직도 쓸 게 남았는지 또 뭔가를 적어.
나는 허리춤에서 빼꼼 나와, 슬그머니 읽어 봤어.
어라, 이건 암행어사의 일기야.

나는 양반집에서 태어나 평생 글만 읽고 살았다.
공부 잘해서 과거 급제했다고
그저 궁궐을 드나드는 벼슬아치로만 살았다면
백성이 어떻게 사는지, 내가 무엇을 해야 하는지를
아마도 알지 못했을 것이다.
암행어사가 되어 본 소중한 경험을 살려,
앞으로 지혜롭고 어진 관리가 되어야겠다.

나와 함께했던 암행어사는 새벽에야 겨우 잠자리에 누웠어.
꿈에서 왕을 만나려나.
"허허허, 그대가 한양에 있는 집과 지방에 사는 백성들을
가깝게 해 주었구나."
이제 무사히 한양으로 돌아가 왕에게 보고하고
나를 반납하면 암행어사의 고된 임무는 끝이야.

암행어사였던 경험을 살려 훌륭한 일을 했던 사람을 알려 줄게.

정약용은 암행어사 때 겪은 일과 생각을 바탕으로 여러 책을 썼어.

백성을 위하는 좋은 관리가 되는 안내서 〈목민심서〉,

토지와 세금 문제를 어떻게 해결할지 적은 〈경세유표〉가 있지.

그밖에 슬프고 가여운 백성의 생활을 시로 많이 썼어.

그는 일을 너무 잘해서 보복당하기도 했어.

경기도 관찰사의 잘못을 왕에게 아뢰었는데,

훗날 그 관찰사 무리가 세력을 잡자 정약용을 괴롭혔지.

천 원짜리 지폐의 주인공 이황은
뛰어난 학자이자 존경받는 선비였어.
그가 암행어사 후보가 되었을 때, 신하들은 걱정했대.
성격이 유순하고 부드러워서
못된 사또에게 도리어 휘둘릴 거라고 말이야.
하지만 이황은 강하고 철저하게 일을 처리했어.
이황은 벼슬에서 물러날 때
전 재산이 달랑 책상 하나와 책뿐이더래.
암행어사 때의 경험을 바탕으로
욕심을 채우지 않고 검소하고 정직하게 살았기 때문이 아닐까?

김정희는 글, 그림, 서예에 두루두루 뛰어났어.

특히 '추사체'라는 독특한 글씨체는 빼어나게 아름답고 훌륭해.

그런데 2011년에 김정희가 직접 쓴 암행어사 보고서가 발견됐어.

언제 얼마 동안 어디를 다녔는지 직접 적은 글이야.

올바른 업무를 한 관리를 칭찬하는 글은 짧고 분명하게,

잘못을 저지른 관리에 대해서는 자세하고 정확하게

근거를 들어 가며 적었지.

이 보고서를 다른 역사적 기록과 견주어 보면서

더 많은 것을 알 수 있게 됐어.

암행어사 박문수는 얼마나 유명한지
만화, 영화, 소설에 가장 많이 등장해.
심지어 귀신이 나타나 도와주었다거나 아무도 풀 수 없는 사건을
혼자 해결했다는 등 여러 이야기가 있어.
박문수에 대해서는 역사적 사실보다
사람들이 꾸며 낸 이야기가 많아.
영조 때 암행어사 일을 잘해서 칭찬받은 건 사실이지만,
훗날 사람들이 이런저런 상상을 더 보탰다고 보아야 해.
참된 영웅을 기다리는 사람들의 간절한 마음 때문이었던 거지.
나라를 빼앗긴 일제 강점기 때 어린이를 위한 〈박문수전〉이
엄청난 인기를 끌었던 것도 이런 이유 때문일 거야.

오랜 세월이 지난 지금,
나를 들고 암행어사 놀이를 하는 아이들이 있어.
돌잡이 상에 올리기도 하고,
기념품으로 만들어 판매하기도 해.
마패를 든 암행어사는 그 옛날 사람들에게
고달픈 현실을 견딜 희망을 주었고
나쁜 관리는 언제든 벌을 받는다고 경고하며
백성을 저버리지 않겠다는 왕의 의지를 보여 주었어.
이제는 암행어사가 필요 없는 세상,
몰래 조사하지 않아도 정의롭고 공정한 세상을
너 나 그리고 우리 함께 꿈꿔!

마패가 들려주는 암행어사 이야기

마패는 조선 시대 때 말을 빌리던 증표예요. 왕의 명령을 받아 비밀리에 백성의 안위를 살피던 암행어사는 마패를 가지고 다니며 임무를 수행했지요. 조선 시대에만 있던 암행어사 제도를 통해 당시 조선 시대의 모습을 살펴보고, 암행어사의 의의를 알아봐요.

암행어사는 무슨 일을 했나요?

암행은 어떤 목적을 위해 자기 정체를 숨기고 돌아다닌다는 뜻이에요. 어사는 왕의 명령을 받은 신하라는 뜻이고요. 암행어사는 왕의 특별한 임무를 받아 지방에서 비밀리에 임무를 수행했어요. 지방 수령과 관리의 잘잘못을 따지고 백성의 어려움을 살펴서 왕에게 보고하고 잘못된 점을 바로잡기 위해 자신의 정체를 숨기고 돌아다녔어요.

조선왕조실록 같은 역사 기록을 보면 암행어사를 파견했던 내용이 나와요. 1489년 조선 성종 때는 경기, 경상, 전라, 충청, 함경, 강원 여섯 개 도에 암행어사를 파견했다고 해요. 백성에게 빌려준 곡식은 제대로 받는지, 세금은 기준대로 걷는지, 지방의 구조적 문제는 없는지 조사하고 보고하기 위해서였지요.

암행어사가 하는 일은 '사목'이라는 일종의 업무 지침서에 자세히 나와요. 사목은 해야 할 일을 적은 목록이라는 뜻이지요.

암행어사는 우선 지방 관리의 잘못을 파헤치고 벌을 내리는 일을 했어요. 하지만 확실한 증거가 없으면 안 되겠지요? 꼼꼼하고 철저한 조사는 필수였어요. 사또가 여러 가지 재판을 잘 처리하고 있는지, 죄에 따라 벌을 내리고 있는지, 죄수를 너무 험하게 다루지 않는지 점검했지요.

관리의 잘못만 따지는 게 아니라, 잘한 일에 대해서는 상을 내리라고

추천해서 지방 관리의 기운을 북돋기도 했어요.

또한 효자와 효녀를 찾아내고 칭찬받아 마땅한 사람은 따로 보고했어요.

무엇보다 백성의 살림살이와 민심을 살펴 왕에게 전달하고, 왕이 얼마나 백성을 사랑하는지 왕의 통치 방침을 전하는 일까지 했지요.

왜 암행어사 제도를 만들었나요?

조선 시대는 왕이 모든 것을 결정하고, 왕의 명령은 절대 거역해서는 안 되는 사회였어요. 하지만 왕이 먼 지방의 백성을 하나하나 모두 살필 수는 없었지요. 교통도 불편하고 통신 수단도 발달하지 않았으니까요.

그래서 사또가 왕을 대신해서 백성의 살림을 가장 가까이서 관리하고 그들을 다스렸어요. 고을 사또는 원님이나 수령이라고도 불렸지요.

사또는 백성의 생활을 안정시키는 거의 모든 일을 했어요. 사또는 조선 시대 때 가장 중요했던 농사짓는 일을 격려하고 인구를 늘리는 데도 힘썼어요. 또 고을의 성벽을 쌓거나 다리를 놓는 일 등에 백성을 동원했어요. 나라에 바칠 세금을 얼마나 어떻게 걷을지 정한 뒤 세금을 거둬들이는 것까지 다 사또의 일이었어요. 사또는 부모를 공경하고 사람 된 도리를 지키며 살도록 배움을 강조하기도 했어요. 만약 고을 사람들 사이

에 다툼이 일어나거나 범죄가 발생하면 재판해서 죄를 묻고 벌을 주었어요. 한마디로 백성이 잘살고 못살고는 어떤 사또를 만나느냐에 달린 거였어요.

그러나 사또는 임명을 받아 고을로 내려오기에, 그 동네 사정에 어두웠어요. 한양에서 글공부만 하던 선비가 멀리 떨어진 고장으로 오면 그 고을에서 어떤 농사가 잘되는지, 고을 사람들의 가장 어려운 점은 무엇인지 알지 못했어요.

실제로 지방 관아, 그러니까 고을 살림은 아전들이 맡아보았어요. 아전은 지금으로 치면 동네에서 근무하는 공무원이에요. 하지만 따로 월급을 받지는 않았어요. 이들은 대대로 그곳에서 살아왔기 때문에 고을 사정에 밝았어요. 이전에 파견된 사또들을 도와 일한 것도 아전이었어요. 이방을 비롯해 호방, 예방, 형방, 병방, 공방은 각각 맡은 분야를 책임졌어요. 이방은 아전 대표로 고을 행정을 담당했어요. 호방은 세금 걷는 일, 예방은 제사 같은 행사나 교육, 형방은 범죄 사건과 감옥, 병방은 고을 지키는 병사 관리, 공방은 담을 쌓거나 다리 놓는 일 같은 공사를 담당했어요.

그런데 일은 많고 대가는 없으니 아전들이 세금을 걷으면서 백성을 괴롭히거나 사또 몰래 뇌물을 받는 일이 생겼어요. 사또에게 뇌물을 바치

면서 자기들의 잘못을 적당히 덮어 버리기도 했어요. 사또는 대략 5년 정도 근무하고 나면 다시 한양이나 다른 곳으로 떠날 관리였으니 아전을 제대로 감독하지 않는 경우도 있었어요.

그래서 왕은 전국을 8개로 나누고 각 도마다 관찰사를 파견해서 고을 원님을 관리하게 했어요. 예를 들어 충청도에는 여러 고을이 있고 각각의 고을마다 다스리는 사또가 있지요. 왕은 각 도마다 관찰사를 임명해서 자신이 맡은 도에 소속된 고을의 사또를 관리하고 감독하게 했어요. 관찰사는 아주 높은 벼슬로, 위세가 대단했어요. 그러니 사또들은 관찰

왕
조선 시대 최고 권력자

|

관찰사
왕이 임명한 중앙관리. 조선 팔도 중 한 지역의 총책임자.
사또(수령)를 지휘하고 감독한다.

|

사또
각 고을을 다스리는 사람. 세금을 걷고 재판하고 군사를 키우는 등
백성의 모든 생활을 다스림.

|

아전
원래부터 고을에 살던 하급 관리.
이방, 예방, 호방, 형방, 병방, 공방이 각 분야를 책임짐.

조선 시대의 관리 체계

사를 무서워했겠지요.

그렇지만 관찰사가 고을을 살펴보러 자주 나가더라도 사또는 그때만 잘하는 척할지도 몰라요.

그래서 왕의 눈과 귀가 되어 사또의 잘잘못을 살펴볼 암행어사가 필요했어요. 공식적으로 살피는 관찰사 외에 비밀리에 사또를 지켜볼 필요가 있었던 거지요.

만약 나쁜 사또를 만나 억울한 일을 당하면 백성들은 어떻게 해야 할까요? 백성은 사또를 고발할 수 없었어요. 왜냐하면 사또는 왕의 명으로 나랏일을 하는 사람이니 백성이 그 허물을 덮어 줘야 한다고 생각했대요. 한편으로는 사또를 고발하는 건 자식이 부모님을 고발하는 일처럼 말도 안 된다고 생각했고요. 그러니 힘없는 백성이 믿을 데라고는 언젠가 나타날 암행어사뿐이었어요.

왕은 한양의 깊고 깊은 궁궐 속에 있지만, 암행어사가 눈과 귀가 되어 준 덕분에 백성들의 오막살이까지 알 수 있었지요.

암행어사 임명 과정을 살펴봐요

　암행어사는 비밀 유지가 중요했어요. 공식적으로 왕의 명령을 받아 파견되는 신하와 다르게 몰래 감찰하는 일을 했거든요.

　첫 번째 암행어사 임명 단계는 왕이 가장 직급이 높은 관리인 영의정, 좌의정, 우의정에게 "암행어사 후보자를 추천하라"라고 명을 내려요.

　후보가 된 젊은 선비는 가족은 물론, 먼 일가친척이 어디에서 무슨 벼슬을 하는지 일일이 다 적어 냅니다. 아는 사람이 하나도 없는 곳으로 가야 공정하게 사또의 잘잘못을 조사할 테니까요.

　후보자 중에서도 적당한 사람을 추려 낸 후에는 전국 360군데 군현의 이름을 적은 대나무 가지를 준비합니다. 길쭉하고 납작한 대나무 가지에 적힌 고을 이름 중에서 후보자와 상관없는 동네만 커다란 대나무 통에 넣습니다. 그러고는 어떤 암행어사를 어느 고을로 보낼지 오로지 제비뽑기로 정합니다. 그 누구도 미리 알 수 없지요.

　정약용은 젊은 시절 암행어사를 한 경험을 살려 책을 썼어요. 〈목민심서〉

암행어사의 상징처럼 쓰인 마패.

는 목민관, 다시 말해 백성을 다스리는 사또가 양이나 소를 돌보는 목동 같은 마음가짐을 가져야 한다는 내용이에요. 〈경세유표〉는 경제와 세금에 관한 책이에요. 정약용은 암행어사 시절 경험한 나쁜 제도는 병과 같다고 생각했어요. 세금이나 토지를 관리하는 여러 일에 터럭만큼도 병들고 아프지 않은 곳이 없다고 했지요. 그래서 제도를 바로 고치지 않으면 나라가 망할 것이니 이를 막기 위해 어떤 노력을 기울일지 적었어요.

　이 책에 나온 암행어사가 하룻밤 묵었던 가난한 집의 이야기, 생각나나요? 아전이 세금을 더 내라며 놋숟가락을 가져가고, 이웃집 부자가 돈을 안 갚았다며 솥단지를 가져가 버리는 이야기는 정약용의 시에 나와요. 정약용은 암행어사 시절에 겪은 눈물겨운 백성의 이야기를 한시로

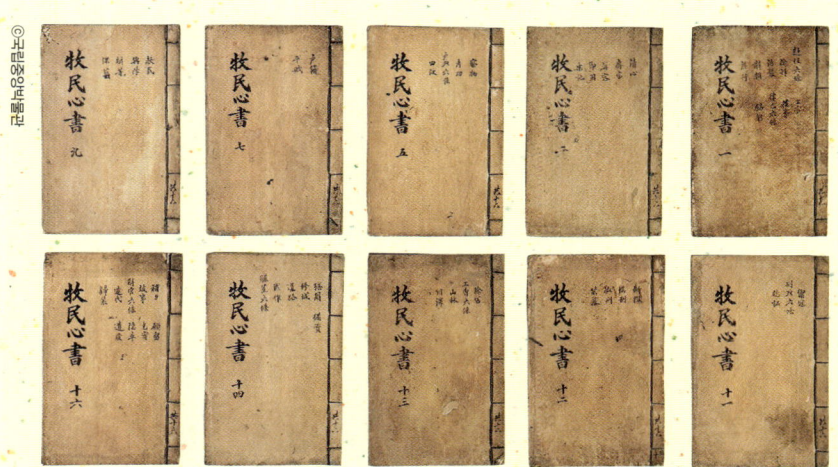

정약용이 관리의 올바른 마음가짐과 몸가짐에 대해 기록한 책, 〈목민심서〉.

여러 편 남겨서 그때 모습을 상상할 수 있게 해 줍니다.

많은 사람이 암행어사 하면 '박문수'를 가장 먼저 떠올려요. 여러분의 부모님이나 할아버지, 할머니도 어린 시절에 박문수 이야기를 듣고 자랐답니다. 만화책은 물론이고 텔레비전 드라마로도 만들어졌을 만큼 암행어사 박문수는 오래도록 사랑받은 영웅입니다.

그러나 박문수 이야기는 실제 역사와 다른 점이 많았어요. 공정하고 밝은 세상이 오기를 바라는 사람들의 간절한 바람이 박문수라는 영웅의 이야기를 부풀렸다고 보는 편이 맞아요.

암행어사가 언젠가 나타날지 모른다는 사실은 백성들에게 희망이었을 거예요. 억울함을 풀어 주고, 왕이 늘 지켜본다는 뜻이니까요. 반대로 수령에게는 강한 경고의 의미였지요. 바르게 일하지 않으면 언제라도 혼날 수 있지만, 반대로 성심껏 잘하면 왕에게 얼마든지 칭찬받을 수 있다는 뜻이지요.

박문수 초상.

암행어사의 봇짐 안에 무엇이 들었을까요?

　암행어사로 임명되면 나라에서 곡식과 돈, 옷감, 비상약 등을 줬어요. 하지만 터무니없이 부족했다고 해요. 이 외에도 암행어사라면 반드시 들고 다녀야 할 물건이 있었어요. 바로 이 책의 주인공인 마패와 사목, 유척, 봉서예요. 암행어사로 결정되면 봉서와 함께 유척, 사목, 마패를 전달했어요.

봉서
겉봉을 붙인 문서로, 뜯어보기 전에는 내용을 알 수 없어요. 비밀이 새어 나가지 않게 '남대문 밖에서 읽어라(到南大門外開坼)', '동대문에 도착해서 읽어라(到東大門外開坼).' 같은 글이 겉에 적혀 있었어요. 아무개를 무슨 도의 암행어사로 삼는다는 내용이 들어 있으니, 암행어사의 임명장이자 신분을 증명하는 증서라고 볼 수 있어요.

사목
할 일의 목록을 적은 업무 지침서예요. 앞으로 암행어사가 갈 지역에 대한 간단한 설명도 있고, 앞선 암행어사들이 어떤 일을 했는지, 중요하게 살펴볼 것은 무엇인지 적혀 있어요.

유척

놋쇠로 만든 사각기둥 모양의 자예요. 죄인을 매질할 때 쓰는 형구*의 크기를 확인하거나, 세금을 걷을 때 쓰는 도량형 기구의 크기가 정확한지 확인할 때도 썼어요.

형구 형벌을 집행하는 데 사용하는 도구.

마패

지름 10센티미터의 둥근 모양이에요. 처음에는 나무로 만들다가 나중에는 주로 쇠로 만들었어요. 한쪽에는 보통 말이 한 마리에서 열 마리까지 그려져 있어요. 이 말의 수에 따라 역에 들러 말을 빌릴 수 있었어요. 마패는 나랏일을 하는 높은 사람만 가지고 다닐 수 있었으므로 자연스레 신분 증명 수단으로도 사용했지요.

암행어사와 관련된 기록을 알아봐요

　현재까지 〈서수일기〉〈해서암행일기〉〈수의기행〉〈남정일기〉 등 15종이 남아 있어요.

　〈해서암행일기〉는 1696년 숙종 때 박만정이 황해도에서 암행어사 활동을 한 기록입니다. 심한 가뭄 때문에 흉년이 든 상황이 나와 있어요. 가는 곳마다 굶주린 사람이 널려 있었는데, 관리들은 세금을 두 배, 세

배로 가져갔지요. 박만정이 암행어사 출두를 외치고 백성에게 곡식을 나눠 준 기록까지 자세하게 나와 있어요.

암행어사의 잠자리와 먹을 것을 구하는 것도 매우 어려웠다고도 적혀 있지요. 열흘 만에 돈과 쌀이 떨어져 하인에게 갖고 있던 옷감을 팔아 오라고 했지만 쉽지 않았대요. 흉년이 너무 심해 곡식값이 비싸져서 암행어사도 먹을 것을 걱정해야 할 처지에 이르렀지요. 그래도 백성들은 암행어사에게 잠자리와 먹을 것을 내주었다고 해요. 자기들도 힘들었을 텐데 말이지요.

〈서수일기〉는 1822년 순조 때 박래겸이 평안도에서 암행어사 활동을 했던 기록이에요. 신분을 들킬 뻔했던 위기가 생생하게 적혀 있어요. 특

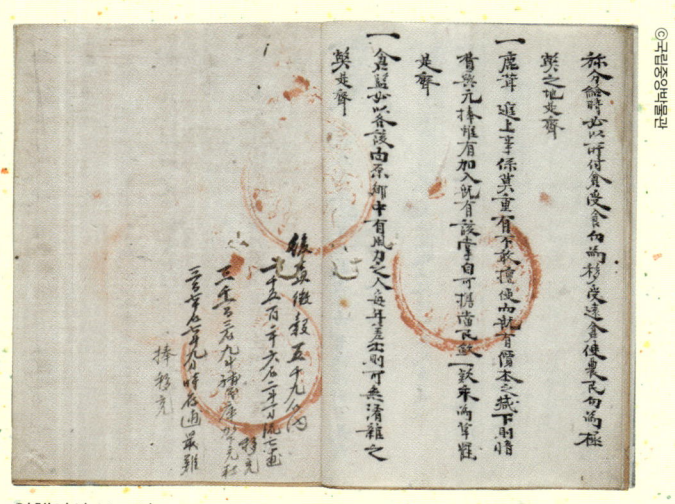

암행어사 보고서.

히 기생들은 여러 사람을 상대해 봐서 그런지 눈치가 빨랐어요. 초라한 옷차림으로 변장해도, 기품 있는 태도와 말씨 때문에 표가 났겠지요. 박래겸은 부랴부랴 기생의 눈을 피해 새벽에 자리를 떠났대요.

〈수의기행〉은 1826년 순조 때 권복이 남긴 일기입니다. 암행어사로 임명되는 과정, 임명되고 파견된 지역으로 떠나는 과정 등이 적혀 있어요. 특히 '비가 내려 길을 가지 못했다'라는 내용이 종종 보이는데, 조선 시대에 교통이 불편했다는 걸 알 수 있어요. 비가 와서 길이 젖으면 말을 타고 가기도, 걸어가기도, 힘들었지요. 무사히 임무를 마치고 보고서를 적은 날의 후련한 기분을 적기도 했고, 다른 곳으로 떠났던 암행어사 두 명과 함께 궁궐로 가서 보고를 마친 날의 기록도 있어요.

암행어사 보고서도 남아 있어요. 1874년 고종 때 함경북도 무산(茂山) 지역에 파견된 암행어사가 그 지역 주민 생활의 어려움을 보고 그에 대한 해결책을 조목조목 제시한 보고서예요.

작가의 말

더 좋은 세상을 만들어 가는 우리

혹시 암행어사 놀이를 해 본 적 있나요?

어린 시절 암행어사 놀이를 할 때면 친구 중에 누가 암행어사 역할을 맡을지 최대 관심사였어요. 암행어사가 되면 마패를 높이 쳐들고 "암행어사 출두요!"를 외칠 수 있거든요. 나쁜 사또 역할을 맡은 친구는 의자 아래든 마루 밑이든 벌벌 떨며 숨는 시늉을 했고요. 나이 어린 동생들은 하인이나 아전, 역졸 같은 역할을 시켰어요. 암행어사가 제일 멋져 보였으니까요.

그런데 암행어사는 그렇게 멋진 영웅이기만 한 건 아니었어요. 오히려 너무 위험하고 고생스러운 일이었어요. 호랑이나 도적 떼를 만나 목숨을 잃을 수도 있었지요. 심지어는 잘못을 저지른 관리가 암행어사를 몰래 해치고는 증거를 없애 버린 일도 있대요. 암행어사가 심한 일을 당하더라도 머나먼 궁궐에서는 알 도리가 없었지요. 음식과 잠자리를 찾는 것도 쉽지 않았어요. 주막이 없는 동네에서는 사정사정해서 잠자리와 음식을 해결해야 했어요.

나쁜 관리의 잘못을 조사해서 임금님께 알려도 모든 문제가 끝난 게 아니었어요. 나쁜 관리의 집안사람이나 친구들이 두고두고 암행어사를 괴롭힌 적도 있거든요.

한마디로 암행어사가 멋지고 강하기만 하진 않았어요. 그런데 백성들은 왜 그렇게 암행어사가 나타나기를 기다렸을까요?

왕이 언제나 백성을 생각하고 있고, 잘못을 저지른 관리는 반드시 벌을 받을 거란 믿음이 있었거든요. 고통받는 백성을 구해 줄 암행어사가 어느 날 언제든 우리 곁에 나타날 거라는 믿음이 있었던 겁니다.

만약 여러분이 사는 지금 이 시대에 암행어사가 있다면 어떨까요? 아마, 많은 국민이 반대할지 몰라요. 국민을 믿지 못하고 몰래 감시하고 고발하는 건 자유로운 나라가 아니니까요. 오히려 투명하고 공정하게 나랏일을 처리하는 것이 민주주의 정신에 걸맞지요.

간혹 어떤 일은 '암행'이라는 방법이 필요할 수 있어요. 감시카메라가 없는 곳에서도 법규를 잘 지키도록 경찰차가 아닌 일반 자동차로 몰래 단속을 하는 것처럼요. 하지만 이런 경우도 우리가 함께 만든 법의 테두리에서 벗어나지 않는 선에서만 허용이 됩니다.

예전에는 마패가 임금의 눈처럼 밝게 빛나야 했다면, 지금은 모든 시민의 눈이 밝게 빛나야 해요. 더 좋은 세상, 공정하고 정의로운 세상은 우리가 함께 만들어 가는 거니까요.

비록 지금 암행어사 제도가 사라졌지만, 이 책을 통해 암행어사 제도를 만든 까닭과 조상들의 지혜와 밝은 마음을 기억하기로 해요.

2024년 정의로운 세상을 꿈꾸며
안미란 씀

마패를 든 암행어사는
그 옛날 사람들에게
고달픈 현실을 견딜 희망을 주었고
나쁜 관리는 언제든 벌 받는다고 경고하며
백성을 저버리지 않는
임금의 의지를 보여 주었어.